글 장선혜

한국외국어대학교에서 신문방송학을 공부했으며, 현재 출판기획사 '하늘땅' 대표로 있습니다.
쓴 책으로는 〈수학나라 이야기쟁이〉, 〈과일 사세요〉 등이 있으며,
〈탄탄 수학동화〉, 〈꼬꼬마 과학자〉, 〈참 똑똑한 사회씨〉, 〈미술관에 간 꼬마 피카소〉 등
여러 가지 시리즈를 기획하고 집필하였습니다.

그림 배슬기

대학에서 시각디자인을 전공하고 현재 동화 일러스트레이터와 광고 일러스트레이터, 북디자이너로
활동하고 있습니다. 일러스트 그룹 '구구단'에서 활동하며 정기적으로 재미있는 동화 전시회에
참여하고 있습니다. 그린 책으로는 〈내 마음을 표현한 그림 찾기〉 등이 있습니다.

감수 신항균

성균관대학교 대학원 수학과를 졸업했습니다.
공군사관학교와 우석대학교 교수를 역임했고,
미국 애리조나 주립대학교 수학과 교환교수로도 활동한 바 있습니다.
지금은 서울교육대학교 수학교육과 교수로 재직 중이며,
동 대학교 초등수학교육연구소장으로 있습니다.
또한 서울교육대학교 영재교육원 운영위원으로도 활동하고 있습니다.
초등학교와 중학교, 고등학교에 이르기까지 수학교과서 집필책임교수로 활동했고,
저서로는 〈수학사와 수학이야기〉, 〈클릭 수학나라〉, 〈영재들의 1등급 수학교실 시리즈〉가 있습니다.

1단계 생활 속 도형 10

엄마의 장바구니

글 **장선혜** 그림 **배슬기** 감수 **신항균**
펴낸곳 **(주)아람키즈** | 펴낸이 **이소영** | 주소 **서울특별시 성동구 성수이로 147 아이에스비즈타워 2F**
고객센터 **1644-4521** | 팩스 **02-468-5548** | 홈페이지 **www.aramkids.co.kr** | 출판등록 **제2020-000011호**
기획 편집 디자인 **(주)아람키즈 하늘땅**
ISBN **979-11-6543-551-6 979-11-6543-509-7(세트)**

엄마의 장바구니

글 장선혜 · 그림 배슬기 · 감수 신항균

아람키즈

"엄마는 어디쯤 오고 있을까?"

"생각하지 마. 그럼 *괜히 궁금해지잖아."

"그래, 우리끼리 잘 놀고 있으면 돼."

"그래도 궁금해지는걸.
엄마가 조금 있다가 올지, *한참 있다가 올지."

"난 하나도 안 궁금해."

"나는 궁금한데……. 아, 그림을 그리면서 기다려야지!"

"왜 자꾸 *동그라미만 그려?"

"그러게."

"동그라미를 여러 개 그리니까 ***도넛**이 생각난다.
엄마가 도넛을 사 올지도 모르잖아?
동그란 **공**을 사 와도 좋아."

"나도 그림 그릴래. *스케치북 이리 줘."

"난 *네모를 그릴 거야.
이 네모는 로봇이야."
"엄마가 네모 모양 로봇을
사 올지도 모르잖아?"

FINANCIAL MANAGEMENT
AN ANALYTICAL APPROACH

"내가 아빠 구두를 얼마나 많이 닦았는데?
로봇도 좋고, 네모난 **그림책**도 좋아."

"치, 스케치북 내놔! 나도 그릴래."

"넌 보나 마나 ***세모** 그릴 거지?"

"얘는 **샌드위치** 좋아하니까 세모를 그릴 거야."

"샌드위치만 세모 모양이니?
***고깔모자**도 있다, 뭐."

CRAYON

“그런데 엄마가 아무것도 안 사 오면 어떡해?”

“에이, 한 개는 사 올 거야.”

“***벌써** 집에 다 왔을지도 몰라. 나가 볼까?”

"오늘이 내 *생일인데……."

"바보야, 우리 모두의 생일이잖아! *세쌍둥이니까."

"하지만 엄마는 모르고 있는 것 같아."

"엄마~!"

"으앙~!"
"와앙~!"

“엄마~!”

"얘들아, 엄마 왔다.
생일 ***선물**을 사 왔단다."

엄마가 보기

생활 속 도형을 알아보아요

우리는 평소 의식하지 못하지만 수많은 도형들에 둘러싸여 생활하고 있습니다. 프라이팬, 동전, 보름달, 자전거 바퀴 등은 동그라미 모양이고, 책상, 색종이, 책, 창문 등은 네모 모양입니다. 그리고 트라이앵글, 삼각자, 옷걸이 등은 세모 모양이지요. 매일 사용하는 물건에서부터 자연환경에 이르기까지, 주변의 많은 사물들이 동그라미, 세모, 네모 같은 도형, 혹은 그 변형이라고 할 수 있습니다.

아이에게 도형을 알려 줄 때는 동그라미, 세모, 네모와 같은 명칭을 주입하기보다 **주변의 사물과 도형의 모양을 연결 지어 생각**하도록 이끌어 주세요. 사물의 형태를 보기만 하는 데서 나아가 손으로 만지고 움직여 보도록 하면 더욱 좋습니다. 이러한 과정을 통해 아이는 쉽게 도형에 친숙해지지요. 더불어 물건의 바닥에 물감을 묻혀 찍는 활동이 더해진다면, 평면 도형이 입체 도형의 한 면을 이루고 있다는 사실도 알게 될 것입니다.

아이가 보기

세쌍둥이는 각각 어떤 모양을 좋아했나요?

세쌍둥이가 동그라미, 세모, 네모를 그리면서 무엇을 생각했는지 살펴보아요.

동그라미 모양인
도넛과 **공**

세모 모양인
샌드위치와 **고깔모자**

네모 모양인
로봇과 **그림책**

아이와 함께 하기

함께 해 보아요

깡통, 블록, 주사위 바닥에 물감을 묻혀 종이에 찍으면 어떤 모양이 나올까요? 알맞은 모양을 찾아 선으로 연결해 보아요.

깡통

블록

주사위

방 안에 여러 가지 모양의 물건들이 있어요.
물건과 닮은 도형을 생각해 보고, 동그라미, 세모, 네모 모양을 그려 보아요.

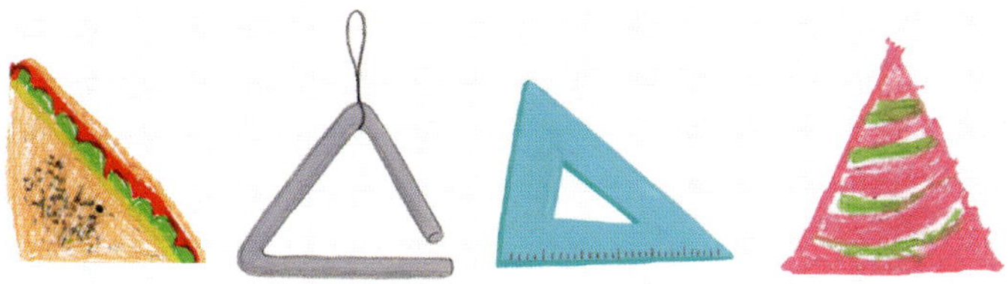

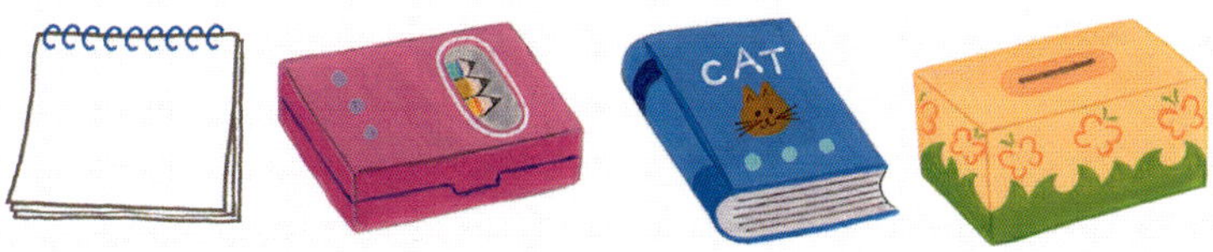